Pan(en)theistischer Notizblog

NUR ICH
NUR DU
– Pantheismus / Panentheismus –

von Burkhard Tomm-Bub, M. A.

INHALT

Blogeinträge: Seite **2**
(Partielle) Vertreter des Pantheismus / Panentheismus: Seite **3**
Stichworte zu christlichen Feiertagen: Seite **4 – 5**
Notizen zu Stellen in Bibel und Thora: Seite **6 – 7**
Pantheismus: Seite **8 – 10**
Panentheismus: Seite **11**
Kausalität: Seite **12 – 13**
Energieerhaltungssatz: Seite **14 – 15**
Ewigkeit: Seite **16 - 17**
Unendlichkeit: Seite **18 - 20**
Theodizee: Seite **21**
Goldene Regel: Seite **22**
Kategorischer Imperativ: Seite **23**
Cartesische Klarheit: Seite **24**
John Toland: Seite **25**
Baruch de Spinoza: Seite **26 – 29**
Goethe: Seite **30**
Plotin: Seite **31 – 33**
Kues: Seite **34 – 36**
Bruno: Seite **37 – 38**
Wakan tanka: Seite **39**
Bistami: Seite **40**
Meister Eckhart: Seite **41 – 45**
PLATON: Seite **46**
Unitarier: Seite **47 – 51**

IMPRESSUM

ANHÄNGE:

Sind wir real?

Atheistenwitze

Die Blogeinträge

1. Der Ursprung des Etwas (Universum) aus dem Nichts verletzt das grundlegendste Naturgesetz: das Kausalitätsprinzip.
(Keine Wirkung ohne Ursache.)
Siehe hierzu auch: Energieerhaltungssatz.

2. Das Konzept „Zeit", bzw. EWIGKEIT, sprengt jegliche menschliche Verstehens- und Vorstellungskräfte.

3. Das Konzept „Raum", bzw. UNENDLICHKEIT, sprengt jegliche menschliche Verstehens- und Vorstellungskräfte.

4. Daraus ergibt sich zwingend die Existenz etwas dem menschlichen Geist und Verstand qualitativ entschieden übergeordnetem.

5. Dieses übergeordnete Etwas muss demnach den Kriterien des Unendlich – Seins, der ewigen Existenz und der originären Schöpferkraft entsprechen. Allumfassend.

6. Die Frage nach Gut und Böse im klassischen Sinne stellt sich bei der danach gegebenen Nicht – Dualität nicht. Die Fragestellung der Theodizee kann damit als erledigt gelten.

7. Schmerz und Leid ist damit immer eigener Schmerz und eigenes Leid.

8. Ebenso tragen Liebe und Mitgefühl ihren Lohn in sich.

9. Nach dem Ende der scheinbaren Getrenntheit (=Tod) erlebe ich, erlebst Du, erleben wir, in Ewigkeit Anderen und uns selbst zugefügtes Leid. Das ist die Hölle.
Und wir erleben ebenso den Anderen und uns selbst erbrachte gute Taten. Das ist der Himmel.

10. Es gilt die Goldene Regel.
Weg und Mittel müssen den Absichten und Zielen entsprechen.
Ehrliche Selbstbefragung erbringt deutliche Klarheit über Richtig und Falsch.

Stichworte:

Kategorischer Imperativ.
Cartesische Klarheit (Klarheit und Deutlichkeit als Kriterium der Wahrheit).

(Partielle) Vertreter des Pantheismus / Panentheismus:

John Toland

Baruch de Spinoza

Johann Wolfgang von Goethe

Plotin

Nikolaus von Kues

Giordano Bruno

Algonkin-Indianer (Wakan tanka)

Bayazid Bistami

Meister Eckhart

Platon

***

Stichworte zu christlichen Feiertagen

Gründonnerstag

Das wichtige Ereignis, dessen von Christen heute gedacht wird: Das letzte Abendmahl.
Ich als Pantheist / Panentheist kann mit dieser Geschichte gut leben.
Für fanatische Atheisten (und leider kenne ich keine anderen) ist dieser Tag ebenfalls ein Fest. Hier können sie mit hämischer Freude aus dem Vollen schöpfen, auf den „Unsinn" und das „Kannibalische" des Christentums hinweisen und sich darüber lustig machen.

„… „Während des Mahls nahm er das Brot und sprach den Lobpreis; dann brach er das Brot, reichte es ihnen und sagte: Nehmt, das ist mein Leib.
Dann nahm er den Kelch, sprach das Dankgebet, reichte ihn den Jüngern und sie tranken alle daraus. Und er sagte zu ihnen: Das ist mein Blut, das Blut des Bundes, das für viele vergossen wird. …"
…
Wie gesagt, für mich gibt es nichts AUSSER Gott. Daher ist für mich natürlich auch jedes Essen und Trinken „Kannibalismus".
Was Jesus wohl im Sinn hatte, als er seine Worte sprach?
Tatsächlich auch einen Hinweis darauf, dass Alles Eins ist, also im pantheistisch – panentheistischen Sinne?
Und evtl. auch die Setzung eines psychologischen „Ankers" (wie aus der NLP bekannt)? Das wäre nicht ungeschickt. Dieser Anker wäre optisch, olfaktorisch und geschmacklich assoziiert.
" … Tut dies, sooft ihr daraus trinkt, zu meinem Gedächtnis! …"
Die aktivierte Erinnerung wäre die an etwas postives, an gute Taten, an eine soziale und engagierte Person: Jesus.

***

Ostersonntag

„Der Ostersonntag ist im Christentum der Festtag der Auferstehung Jesu Christi, der nach dem Neuen Testament als Sohn Gottes den Tod überwunden hat." (wiki)

Damit kann ich, als Pantheist / Panentheist, durchaus einiges anfangen.
Einmal ist es eine lehrreiche Legende.
Die Hoffnung stirbt nie, das Gute stirbt nie!
Auch wenn es definitiv und endgültige danach aussieht.

In meiner Weltanschauung gibt es nichts anderes als Gott (oder wie immer man das ALLES nennen mag).
Von daher sind wir alle nicht nur Kinder, sondern Teil Gottes (und daher auch voll verantwortlich).
Den Begriff „Sohn" werte ich als historisch-zeitgeschichtlichen Terminus, den damaligen Verstehensmöglichkeiten angepasst.
Den Tod überwindet man in der Erkenntnis, Teil Gottes zu sein.
An Phänomene wie Zeit und Raum glaube ich nicht.

Wohl aber an Verantwortung für sich selbst, für das eigene Tun und aktive Unterlassen.
Und damit folgerichtig auch an die Verantwortung für Natur, Umwelt und alle Lebewesen.

* * *

AUS PANTHEISTISCHER SICHT VERSTÄNDLICH, NACHVOLLZIEHBAR UND FOLGERICHTIG

Notizen zu Stellen in Bibel und Thora

Baum der Erkenntnis / Freier Wille / Erbsünde – Jesus starb für unsere Sünden.

Selbst-Wahrnehmungsfähigkeit; Zeitbewußtsein; Getrenntheit von der Gewißheit, das Alles Eins ist:

Der Baum der Erkenntnis von Gut und Böse (lat. lignum sapientiae boni et mali) ist ein Baum in der Paradieserzählung des Buches Genesis der Bibel. Er befindet sich zusammen mit dem Baum des Lebens in der Mitte des Paradiesgartens (Garten Eden) (Gen 2,9 EU). Gott verbot den Menschen, von dessen Früchten zu essen (Gen 2,17 EU).

„16 Dann gebot Gott, der Herr, dem Menschen: Von allen Bäumen des Gartens darfst du essen, 17 doch vom Baum der Erkenntnis von Gut und Böse darfst du nicht essen; denn sobald du davon isst, wirst du sterben. „

4 Darauf sagte die Schlange zur Frau: Nein, ihr werdet nicht sterben. 5 Gott weiß vielmehr: Sobald ihr davon esst, gehen euch die Augen auf; ihr werdet wie Gott und erkennt Gut und Böse. 6 Da sah die Frau, dass es köstlich wäre, von dem Baum zu essen, dass der Baum eine Augenweide war und dazu verlockte, klug zu werden. Sie nahm von seinen Früchten und aß; sie gab auch ihrem Mann, der bei ihr war, und auch er aß. 7 Da gingen beiden die Augen auf und sie erkannten, dass sie nackt waren.

Freier Wille
Der freie Wille ist eine der Eigenschaften von Gott. Und da wir nach seinem Ebenbild erschaffen sind (Genesis 1:26; Genesis 2:7), haben auch wir Menschen den freien Willen.

Kreuzestod des Menschensohnes / Gottessohnes:
Wie Johannes schreibt (Joh. 3, 16): „So hat Gott die Welt geliebt, dass er seinen eingeborenen Sohn gab, damit alle, die an ihn glauben, nicht verloren werden, sondern das ewige Leben haben."

Auferstehung

Mk 9,31 EU (zweite Leidensankündigung): Der Menschensohn wird in die Hände der Menschen ausgeliefert, und sie werden ihn töten, und nachdem er getötet worden ist, wird er nach drei Tagen auferstehen.

* * *

Im Christentum wird Jesus Christus als einziger menschgewordener Sohn Gottes verkündigt, der schon vor der Erschaffung der Welt war (Joh 17,5 EU, 17,24 EU) und den Gott von Ewigkeit her zur Erlösung aller Menschen gesandt habe und der selbst Gott ist.

TALMUD (jüdisch)

Das Buch Kohelet
Kapitel 1
9. Welchen Gewinn hat der Schaffende, von dem womit er sich abmüht?
10. Ich sah die Sache die Gott den Menschen gab sich darin abzumühen.
11. Er hat alles schön gemacht zu seiner Zeit, auch legte er die Ewigkeit in ihr Herz, nur das der Mensch nicht herausfinden kann das Tun, das Gott getan hat von Anfang bis Ende.
12. Ich erkannte, daß es nichts Gutes für sie, außer sich zu freuen und Gutes zu tun für ihr Leben.
13. Aber auch, daß jeder Mensch ißt und trinkt und Gutes sieht in all seinen Mühen, das ist eine Gabe Gottes.
14. Ich erkannte, daß alles, was Gott gemacht hat für ewig sein wird. Ihm ist nichts hinzuzufügen und nicht davon wegzunehmen. Und Gott hat es gemacht, damit man sich vor ihm freut.
15. Was da ist, war längst und was sein wird, war längst und Gott sucht das Verschwundene.

Weitere Notizen

+ Die beste Art, etwas zu sehen oder wahrzunehmen, ist es, dies selbst zu erschaffen.

+ Wir alle sind nur Gottes Blick in den Spiegel.

BEGRIFFE UND PERSONEN

Pantheismus

Der Ausdruck Pantheismus oder Pantheïsmus (von altgriechisch pan alles sowie theós Gott) bezeichnet die Auffassung, dass Gott eins mit dem Kosmos und der Natur ist. Das Göttliche wird im Aufbau und in der Struktur des Universums gesehen, es existiert in allen Dingen und beseelt von daher auch alle Dinge der Welt bzw. ist mit der Welt identisch. Somit ist hier kein personifizierter Gott vorhanden. Deshalb wird häufig ein durch geistige Eigenschaften definierter Urgrund als einziges Grundprinzip (Monismus) angenommen. Der vonseiten der Theologie häufig vorgebrachte Einwand, dass der Pantheismus (deutsch auch Allgottlehre) identisch mit dem Atheismus sei, ist nur in dem Sinne gerechtfertigt, dass in der Tat kein von der Welt verschiedener Gott angenommen wird; keineswegs jedoch, dass überhaupt kein Gott bzw. göttliches Prinzip angenommen wird.

Schwierig zu unterscheiden vom Pantheismus ist der Kosmotheismus: Während sich das Göttliche für den Pantheisten in der Vielfalt der Welt einmalig und einzigartig ausdrückt, ist die Welt für den Kosmotheisten nur eine Erscheinungsform des göttlichen Seins, neben der es noch andere geben könnte.

Begriff
Der Begriff entstand in der Zeit der Aufklärung und geht auf den britischen Philosophen John Toland zurück, der ihn 1709 als Ausdruck seiner religiösen Überzeugung schuf. Er postulierte, es gebe kein von der Materie und diesem Weltgebäude unterschiedenes göttliches Wesen, und die Natur selbst, d. h. die Gesamtheit der Dinge, sei der einzige und höchste Gott. 1720 schrieb er sein Werk Pantheisticon, in dem er Ideen aus der Orphik mit solchen des Hylozoismus kombinierte.
In der zweiten Hälfte des 18. Jh. wurden Spinozismus und Pantheismus oft synonym gebraucht, denn Baruch de Spinoza hatte eine Gleichsetzung von Gott und Natur (Deus sive Natura, Gott bzw. Natur) vertreten. In den Pantheismusstreit, der von Friedrich Heinrich Jacobi 1785 mit seiner These der Übereinstimmung von Pantheismus und Atheismus ausging, waren als seine Kontrahenten berühmte Aufklärer, wie Moses Mendelssohn, Johann Gottfried Herder und Immanuel Kant, verwickelt.

Monotheistische Denker, die an einen persönlichen Gott glaubten, wandten die Zuschreibung Pantheist polemisch gegen Autoren, die den von ihnen postulierten Unterschied zwischen Gott und der Welt bzw. der Natur nicht hinreichend betonten. Sie bezeichneten alle Schriftsteller und Gelehrten, die von Spinoza beeinflusst waren, abwertend als Pantheisten, so etwa Johann Wolfgang Goethe und zahlreiche Vertreter der Romantik und des Biedermeier.

Jean Guitton (1901 - 1999) schrieb, jeder Atheismus sei eine Form von Pantheismus, da der Gottesbegriff irgendwie in die Welt hinein gelegt werde. Laut Geo Widengren entwickelt sich aus dem Pantheismus der Polytheismus.

Pantheistische Denkweisen

Bereits in der Antike entwickelten die Vorsokratiker eine Naturphilosophie, die auch Seele und Göttliches miteinbezog. Auch Platons Kosmologie der Weltseele hat pantheistische Züge. Der Neuplatoniker Plotin betonte das All-Eine und war damit ein direkter Vorgänger der Pantheisten. Die Stoiker betrachteten den Logos als universelles Vernunftprinzip, das Göttliche, welches auch in jedem Menschen war. Im Mittelalter gab es, anknüpfend an Plotin, vereinzelt pantheistische Tendenzen, z. B. bei Nicolaus Cusanus. In der frühen Neuzeit betrachtete Giordano Bruno das Göttliche als Teil des ewigen Kosmos, wobei sich Göttlichkeit in allen Dingen offenbare.

Auch aus den ethnischen Religionen nicht-europäischer Kulturen sind pantheistische Vorstellungen bekannt, so etwa die als Kitchi Manitu bezeichnete, den gesamten Kosmos durchdringende Große Kraft der Algonkin-Indianer oder Wakan Tanka, ein sehr ähnliches Konzept der Sioux-Indianer Nordamerikas. Als Schöpfer eines sufischen Pantheismus gilt der im 9. Jahrhundert lebende persische Mystiker Bayazid Bistami.

Pantheismus in der Gegenwart

Im 20. Jahrhundert gehörten Frank Lloyd Wright, Neale Donald Walsch und Arnold Toynbee zu den Vertretern des Pantheismus. Auch Albert Einstein (Gott würfelt nicht) stand pantheistischem Denken nahe, hat er sich selbst doch nicht nur als konfessionslos, sondern explizit auch als Spinozist verstanden. Mit dem wachsenden Bewusstsein für Umweltproblematiken im späten 20. Jahrhundert erstarkte der Pantheismus, unter anderem auch als Alternative zu Christentum und reinem Atheismus.

Laut Eigendarstellung der Freireligiösen Bewegung gibt es unter den Freireligiösen auch Pantheisten und pantheistische Gottesvorstellungen. In Österreich gibt es seit 2017 eine Pantheistische Kirche, wo Pantheismus als Religion betrachtet wird bzw. aus dem Pantheismus eine Religion gemacht wird.

Kritik am Pantheismus

Jean-François Leriget de La Faye (1674 -1731) verfasste 1709 eine Streitschrift gegen den Pantheismus Tolands. Auch Gottfried Wilhelm Leibniz kritisierte Toland und seinen Pantheismus, da er über die Welt rede wie über Gott.
Arthur Schopenhauer (1788 - 1860) kritisierte Pantheismus als Euphemie für

Atheismus: Ein unpersönlicher Gott ist gar kein Gott, sondern bloß ein missbrauchtes Wort. Ebenso beschrieb zu Beginn des 21. Jahrhunderts Richard Dawkins Pantheismus als aufgepeppten Atheismus (sexed-up Atheism).

Während der traditionelle Gottesbegriff im Theismus von einer völligen Unterschiedenheit von Gott und Welt ausgeht, glaubt der Pantheismus, die Welt mit Gott identifizieren zu können. Dagegen halten christliche Theologen daran fest, dass weder die Welt mit Gott noch Gott mit der Welt identifiziert werden könne. Wenn Gott im Endlichen gründe, werde die Transzendenz Gottes ein nach christlicher Überzeugung wesentliches Kennzeichen aufgehoben.

Für die katholische Kirche entschied das 1. Vatikanische Konzil 1870, dass man Gott als wirklich und wesentlich von der Welt verschieden verkünden müsse (praedicandus est re et essentia a mundo distinctus, DS 3001).

Im Januar 2010 kritisierte der Vatikan den Pantheismus aufgrund dessen Verneinung einer menschlichen Überlegenheit über die Natur und warf Pantheisten vor, die Erlösung in der Natur und nicht in Gott zu suchen.

Der rechtsextreme Bund für Deutsche Gotterkenntnis
In der Zeit zwischen den beiden Weltkriegen knüpfte die Gruppe der Ludendorffer, die auch heute noch existiert, an ariosophische Grundlagen an. Mit ihrem eigenständigen Konzept Deutsche Gotterkenntnis, wonach das Erbgut des deutschen Volkes durch sein arteigenes Gotterleben vorbestimmt sei, verband die Gruppe Rechtsextremismus mit Pantheismus. Das Christentum wurde abgelehnt und als Propagandalehre für die jüdische Weltherrschaft bezeichnet. In den Schriften der Ludendorffer wurden angebliche Weltverschwörungspläne von Juden, Freimaurern und Jesuiten ausgebreitet.

(nach wikpedia)

Panentheismus

Panentheismus (nach griechisch „alles" und „in Gott") ist ein 1828 von Karl Christian Friedrich Krause geprägter Terminus, der die Auffassung bezeichnet, „daß das Eine in sich und durch sich auch das All se[i]". Bei späteren Autoren wird der Terminus als Bezeichnung für eine Auffassung gebraucht, nach der „Gott der Welt immanent und zugleich zu ihr transzendent ist, insofern die Welt ihrerseits Gott immanent, in Gott, von Gott umfaßt ist".

Pantheismus und Panentheismus
Ausgangspunkt von Krauses Wortprägung ist ein bestimmtes Verständnis des Spinozismus, das das Denken Spinozas in der Formel Deus sive Natura zusammengefasst und darin die unmittelbare Identität von Gott und Natur ausgedrückt sieht. Seit dem Beginn des 18. Jahrhunderts wurde diese Auffassung der Identität von Gott und Natur als Pantheismus bezeichnet. Demgegenüber soll der Panentheismus ausdrücken, dass die Welt zwar in Gott enthalten ist, dieser aber umfassender als jene gedacht wird. Gott und Welt sind hier also ausdrücklich nicht identisch. Der Panentheismus steht so in der Mitte zwischen Pantheismus (Immanenz Gottes in der Welt) und Theismus (Transzendenz Gottes zur Welt).

Neben Krause verwendeten auch Vertreter des theistischen Spätidealismus wie Immanuel Hermann Fichte den Ausdruck.
Wilhelm Windelband bezeichnet damit die Positionen, die Johann Gottfried Herder vor allem in seiner Schrift Gott vertrat. In neueren Philosophie-historischen Arbeiten wird die Unterscheidung der Begriffe Pantheismus und Panentheismus kaum mehr verwendet, da sie auf einer unangemessenen Verkürzung von Spinozas Lehre beruht – die spätestens seit Friedrich Heinrich Jacobis Schriften Über die Lehre des Spinoza und Von den göttlichen Dingen und ihrer Offenbarung für das Verständnis des Ausdrucks „Pantheismus" maßgeblich ist. Das Historische Wörterbuch der Philosophie führt den Ausdruck nur noch im Hinblick auf Krause. Dagegen hat der Ausdruck in der Theologie größere Verbreitung erlangt und ist dort noch gebräuchlich, im angelsächsischen Bereich noch mehr als im deutschsprachigen, besonders in der Prozesstheologie.

In der Religionswissenschaft wird der Ausdruck noch gelegentlich gebraucht und oft in einem apologetischen Sinn zur Abgrenzung von dem als theologisch problematisch angesehenen Pantheismus verwendet.

(nach wikipedia)

Kausalität

Physik
In der Physik besagt das Kausalitätsgesetz, dass es keine Wirkung ohne Ursache gibt. Es hängt damit eng mit der Forderung nach Determinismus zusammen: kennt man den Zustand eines Systems in allen Parametern, so kann man daraus mit Hilfe der Naturgesetze einen zukünftigen Zustand berechnen.
.

In der Quantenmechanik wird das Prinzip der Kausalität durch eine große Anzahl von Messungen aufrechterhalten, die sich im Mittel wieder kausal verhalten.

Kausalität impliziert eine strenge Halbordnung:

a) Die Ursache der Ursache einer Wirkung ist auch (indirekte) Ursache der Wirkung selbst (Transitivität).

b) Eine Wirkung darf nicht direkte oder indirekte Ursache ihrer selbst sein (Irreflexivität), da sonst Widersprüche auftreten können, wie zum Beispiel das Großvater-Paradoxon.
.

Relativitätstheorie

Was Max Born mit „Aufeinanderfolge" meint, ist in der klassischen Physik leicht auszudrücken: Die Ereignisse, die ein bestimmtes Ereignis kausal beeinflussen können (also [Mit-]Ursache dieses Ereignisses sein können) liegen in der Vergangenheit dieses Ereignisses. Umgekehrt liegen die Ereignisse, die von einem bestimmten Ereignis kausal beeinflusst werden können, in der Zukunft dieses Ereignisses.

In der Relativitätstheorie hingegen hat die Relativität der Gleichzeitigkeit zur Folge, dass es bei zwei Ereignissen vom Bezugssystem abhängt, welches Ereignis früher oder später stattfindet. Dies scheint die Einführung einer Kausalitätsordnung zu erschweren. Da sich Wirkungen aber maximal mit Lichtgeschwindigkeit ausbreiten können, ist die Vergangenheit ein Kegel in der Raumzeit, der so genannte Vergangenheitslichtkegel (man spricht dabei auch von der absoluten Vergangenheit); ebenso ist die Zukunft durch den Zukunftslichtkegel gegeben.

Sowohl die Spezielle Relativitätstheorie als auch die Allgemeine   12

Relativitätstheorie stimmen in der Beschreibung von Kausalität bis hierhin überein. Die Krümmung als zusätzliche Eigenschaft der Raumzeit in der Allgemeinen Relativitätstheorie verkompliziert die Kausalstruktur, denn sie kann bewirken, dass sich die Zukunfts- und Vergangenheitskegel eines Ereignisses schneiden. Damit können geschlossene Kurven auftreten, entlang derer sich die Zeit immer vorwärts bewegte. Für einen Beobachter auf so einer geschlossenen Weltlinie träten zwar alle Ereignisse geordnet nacheinander ein, aber sie wiederholten sich nach einem Durchlauf der Schleife, wodurch kein Anfang oder Ende der Kausalordnung festgestellt werden kann. Nur in so genannten kausalen Raumzeiten sind Vergangenheits- und Zukunftslichtkegel getrennt.
.

Determinismus und Willensfreiheit
Die philosophischen Konsequenzen der Kausalität sind besonders interessant in Verbindung mit der philosophischen Denkrichtung des Determinismus. Dort geht man davon aus, dass jedes Ereignis durch vorhergegangene Ereignisse fest vorbestimmt ist, sich also das Universum als Kausalkette entwickelt. Das bezieht sich auf alle Ebenen, auch auf die Elementarteilchen von Energie und Materie. Da nun das menschliche Gehirn auch aus Materie besteht, müsste es sich demnach ebenfalls deterministisch verhalten, also in einer Weise, die theoretisch berechnet und vorherbestimmt werden kann.

Energieerhaltungssatz

Der Energieerhaltungssatz drückt die Erfahrungstatsache aus, dass die Energie eine Erhaltungsgröße ist, dass also die Gesamtenergie eines abgeschlossenen Systems sich nicht mit der Zeit ändert. Energie kann zwischen verschiedenen Energieformen umgewandelt werden, beispielsweise von Bewegungsenergie in Wärmeenergie. Außerdem kann sie aus einem System oder in ein System transportiert werden, es ist jedoch nicht möglich, Energie zu erzeugen oder zu vernichten. Die Energieerhaltung gilt als wichtiges Prinzip aller Naturwissenschaften.

Der Energieerhaltungssatz lässt sich theoretisch mit Hilfe des Noether-Theorems aus der Annahme ableiten, dass die für das System gültigen Gesetze der Physik nicht von der Zeit abhängen.

Umgangssprache
Im physikalischen Sinne des Energieerhaltungssatzes ist ein „Verlust" von Energie nicht möglich. Trotzdem wird umgangssprachlich von „Energieverbrauch", „Energieverschwendung", „Energiesparen" und „Energieverlust" gesprochen. Dies ist vertretbar, denn die Erde ist kein abgeschlossenes System und außerdem können der Mensch und andere Lebewesen Energie nur in bestimmten Formen nutzen; die genannten Begriffe beschreiben den Übergang von Energie aus technisch leicht nutzbaren oder biologisch nutzbaren Energieformen (Exergie) in schlechter oder nicht nutzbare Formen (Anergie). Ebenso unmöglich ist es, Energie zu erzeugen. Mit der umgangssprachlichen „Energieerzeugung" ist vielmehr die Umwandlung vorhandener Energie in eine für den Menschen nutzbare Form, meist elektrische Energie, gemeint.

Bei jeder der Umwandlungsarten, die heute gebräuchlich sind, wird nur ein Teil der im Energieträger vorhandenen Energie in nutzbare Energie umgewandelt. Von Energiesparen spricht man daher, wenn sich der Wirkungsgrad des Energieumwandlungsprozesses oder eines Gerätes durch technischen Fortschritt erhöht, sodass weniger Rohstoff mehr nutzbare Energie liefert oder der jeweilige Zweck mit weniger Energie erzielt wird.

Geschichte
Als Erster hat der Arzt Julius Robert von Mayer (1814–1878) den Energieerhaltungssatz formuliert. Er hat 1842 durch Versuche nachgewiesen, dass Bewegungsenergie bei vollständiger Umwandlung in Wärme stets die gleiche Wärmemenge ergibt, und den Wert dieses „mechanischen Wärmeäquivalents" bestimmt. Unabhängig von Mayer taten dies auch 1843

James Prescott Joule – dessen Arbeiten damals weit bekannter waren – und weitere Physiker und Ingenieure wie Ludwig August Colding in Dänemark (ebenfalls 1843). Endgültig ausformuliert wurde der Energieerhaltungssatz 1847 von Hermann von Helmholtz. Er berichtete in Berlin am 23. Juli 1847 über die „Konstanz der Kraft" und untermauerte den Energieerhaltungssatz.

Heute gilt der Energieerhaltungssatz als etabliert und wird sogar häufig zur Definition der Energie herangezogen.

(nach wikipedia)

Ewigkeit

Unter Ewigkeit oder etwas Ewigem versteht man etwas, das weder einen zeitlichen Anfang noch ein zeitliches Ende besitzt bzw. unabhängig von dem Phänomen Zeit existiert. ...

Umgangssprachlich verstand man ... unter Ewigkeit einen langen Zeitraum („Das dauert ja ewig", als Übertreibung). Daraus ist ersichtlich, dass „endlos" ursprünglich nur eine von mehreren möglichen Bedeutungen des heutigen Worts ewig war.

Durch theologische Einflüsse – insbesondere durch die Zeitauffassung des Augustinus – hat der Begriff „Ewigkeit" später vor allem die Bedeutung der „Zeitlosigkeit" angenommen.

Verwendung in der Physik und Philosophie
Das Konzept der Ewigkeit ist wissenschaftlich nicht definiert, da die bekannten physikalischen Theorien, die sich mit Fragen der Kosmologie befassen, den Begriff des Unendlichen nicht sinnvoll formulieren. (Siehe auch: Steady-State-Theorie.)

Philosophisch sieht man Konzepte der Logik oder Mathematik als zeitlos, und in diesem Sinne als ewig an. Der Begriffsinhalt von „unendlicher Zeit", wurde von Platon entwickelt und von Plutarch und der jüngeren Stoa übernommen. Sie ist die Bezeichnung für das Grenzenlose, in dem alle Phänomene angesiedelt sind, deren Anfang oder Ende nicht gedacht werden kann. Die Ewigkeit gilt Platon als die wahrhafte Form des Seins, d. h. als Seinsweise der Ideen, die frei von allem Werden sind. Für die antiken Denker war die Welt unendlich, d. h. auch anfangslos.

Ewige Dinge (ewig im Sinne von ‚zeitunabhängig') scheinen vom Anfang bis zum Ende der uns bewussten Zeit unverändert anzudauern, sofern wir sie überhaupt wahrnehmen. Dennoch ist ewig nicht mit statisch gleichzusetzen.

Für viele mittelalterliche Philosophen und Theologen, insbesondere für viele „Mystiker", und auch für einige Ausprägungen des Buddhismus bedeutet „Ewigkeit" ein Leben in einer – ewigen, „stehenden", von zeitlichen Differenzen befreiten – Gegenwart.

So schreibt Meister Eckhart:

„Das Nun, darin Gott den ersten Menschen schuf, und das Nun, darin der letzte Mensch vergehen wird, und das Nun, darin ich spreche, die sind gleich [...] und sind nichts als ein Nun. [...] darum ist in ihm [dem Menschen, der in der Gegenwart lebt] weder Leiden, noch Zeitfolge, sondern eine gleichbleibende Ewigkeit."

Der frühneuzeitliche Autor Andreas Gryphius formuliert:

„Mein sind die Jahre nicht, die mir die Zeit genommen.
Mein sind die Jahre nicht, die etwa mögen kommen.
Der Augenblick ist mein, und nehm ich den in Acht,
so ist der mein, der Zeit und Ewigkeit gemacht."

Man kann ähnliche Auffassungen auch Ludwig Wittgenstein zuschreiben.
Dieser schreibt in seinem Tractatus 6.4311:
„Wenn man unter Ewigkeit nicht unendliche Zeitdauer,
sondern Unzeitlichkeit versteht, dann lebt der ewig,
der in der Gegenwart lebt."

(nach wikipedia)

Unendlichkeit

Der Begriff Unendlichkeit bezeichnet die Negation bzw. Aufhebung von Endlichkeit, weniger präzise auch deren „Gegenteil". Sein mathematisches Symbol ist das Unendlichzeichen ("liegende Acht"). Theoretisch beschreibt der Begriff „unendlich" ein Objekt oder einen Vorgang ohne Ende oder Schluss, aber möglicherweise mit Anfang oder Beginn. In der Geometrie würde also ein Strahl oder eine Kreisbahn als unendlich beschrieben werden.

Präzisierung fand der Unendlichkeitsbegriff vor allem in der Mathematik, wesentlich initiiert durch das Werk Bernard Bolzanos, Georg Cantors und Richard Dedekinds, welches in die Mengenlehre und insbesondere in die Theorie der unendlichen Mengen und der transfiniten Kardinalzahlen mündete.

Methodische Zugänge
Die Unendlichkeit lässt sich geistes- oder naturwissenschaftlich „nur" abstrakt entwickeln und wird auf Objekte und Begriffe angewendet, die keine räumlichen und/oder zeitlichen Grenzen haben.

In der Theologie und manchen philosophischen Konzeptionen (wie der Natürlichen Theologie) ist die Unendlichkeit eines der Attribute Gottes, während die Schöpfung per se endlich ist. Das Wesen des

Unendlichen ist insbesondere ein Thema der Metaphysik sowie der Mystik, etwa in der Kabbala unter dem Namen En Sof oder bei christlichen Mystikern wie Nikolaus von Kues und Meister Eckhart.

In der Philosophie existieren seit Aristoteles zwei Auffassungen vom Begriff des Unendlichen: das aktual Unendliche und das potentiell Unendliche. Die Scholastik unterscheidet demgemäß zwischen dem potentiell Unendlichen (Indefiniten), das ohne Ende vermehrt werden kann und dem aktuell Unendlichen (Infiniten), das jede Grenze positiv ausschließt. Im engen und eigentlichen Sinn kommt demnach nur Gott die aktuelle Unendlichkeit zu. Sie ist die grenzenlose Fülle des Seins ...

...

In der Astronomie wurde angesichts der Tiefe und Weite des Sternhimmels oft die Vorstellung eines unendlich ausgedehnten Weltraums entwickelt. Auch in Bezug auf die Zeit ist das Konzept der Unendlichkeit bekannt, hier verwendet man den Begriff Ewigkeit. Während die Höhere Mathematik oft mit dem Abstraktum „unendlich" operiert, ist in der theoretischen Physik eher das Phänomen der Singularität von Bedeutung – etwa im Zusammenhang mit den Begriffen Urknall (Beginn des sichtbaren Universums) und Schwarzes Loch. Als Singularität wird ein Punkt in der Raumzeit bezeichnet, an dem

Masse in einem ausdehnungslosen Punkt mit unendlicher Dichte konzentriert ist.

Neben der unendlichen Ausdehnung zu immer weiter zunehmenden Größen wird der Begriff auch für die unendliche Teilbarkeit, das unendlich Feine verwendet, dessen Grenze null ist, null aber nicht erreicht. Aus der Negation des unendlich Feinen und deren Paradoxien ergab sich die ursprüngliche griechische „Atomtheorie" des „Unteilbaren".

Siehe auch: Minima naturalia

(nach wikipedia)

Theodizee

[teodiˈtseː] (französisch théodicée, griechisch θεοδικία theodikía von altgriechisch θεός theós ‚Gott' und δίκη díkē ‚Gerechtigkeit') heißt „Gerechtigkeit Gottes" oder „Rechtfertigung Gottes". Gemeint sind verschiedene Antwortversuche auf die Frage, wie das subjektive Leiden in der Welt vor dem Hintergrund zu erklären sei, dass ein (zumeist christlich aufgefasster) Gott einerseits allmächtig, andererseits gut sei. Konkret geht es um die Frage, warum ein Gott oder Christus das Leiden zulässt, wenn er doch die Omnipotenz („Allmacht") und den Willen („Güte") besitzen müsste, das Leiden zu verhindern. Die Bezeichnung théodicée (später deutsch „Theodizee") geht auf den Philosophen und frühen Vordenker der Aufklärung Gottfried Wilhelm Leibniz zurück.

(nach wiki)

Als **Goldene Regel**

(lateinisch regula aurea; englisch golden rule) bezeichnet man einen alten und verbreiteten Grundsatz der praktischen Ethik:

„Behandle andere so, wie du von ihnen behandelt werden willst."

Die negative Fassung ist als gereimtes Sprichwort bekannt:

„Was du nicht willst, dass man dir tu, das füg auch keinem andern zu."

Anglikanische Christen prägten den Ausdruck golden rule seit 1615 zunächst für die in der Bibel überlieferten Regelbeispiele (Tob 4,15 EU; Mt 7,12 EU; Lk 6,31 EU), die das Toragebot der Nächstenliebe (Lev 19,18 EU) als allgemein gültiges und einsehbares Verhalten auslegen.

Die christliche Theologie sah darin seit Origenes den Inbegriff eines allgemein einsichtigen Naturrechts, durch das Gottes Wille allen Menschen von jeher bekannt sei.

(nach wikipedia)

Kategorischer Imperativ

Der kategorische Imperativ (im Folgenden kurz KI)
lautet in seiner Grundform:

„Handle nur nach derjenigen Maxime,
durch die du zugleich wollen kannst,
dass sie ein allgemeines Gesetz werde."

Er ist im System Immanuel Kants das grundlegende
Prinzip der Ethik. Er gebietet allen endlichen
vernunftbegabten Wesen und damit allen Menschen,
ihre Handlungen darauf zu prüfen, ob sie einer für alle,
jederzeit und ohne Ausnahme geltenden Maxime
folgen und ob dabei das Recht aller betroffenen
Menschen, auch als Selbstzweck, also nicht als
bloßes Mittel zu einem anderen Zweck behandelt
zu werden, berücksichtigt wird.

(nach wikipedia)

Cartesische Klarheit

Als Prinzipien des Cartesianismus im weitesten Sinn gelten Selbstgewissheit des Ichbewusstseins (siehe Cogito ergo sum), Klarheit und Deutlichkeit als Kriterium der Wahrheit, ...
René Descartes: Die Klarheit und Deutlichkeit unserer Begriffe ist das Merkmal ihrer Wahrheit.
Für Descartes ist die Klarheit die Einsicht des reinen Denkvermögens.

John Toland (* 30. November 1670 in Inishowen, Irland; † 11. März 1722 in Putney bei London) war ein irischer Freidenker der Aufklärung.

Die Welt sieht er nun (ca. 1704) als göttlich an, den Glauben an eine individuelle Unsterblichkeit lehnt er ab. Damit vertrat er pantheistische Ideen.

Baruch de Spinoza

(portugiesisch Bento de Espinosa, latinisiert Benedictus de Spinoza, geboren am 24. November 1632 in Amsterdam, gestorben am 21. Februar 1677 in Den Haag) war ein niederländischer Philosoph und Sohn portugiesischer Immigranten sephardischer Herkunft und portugiesischer Muttersprache. Er wird dem Rationalismus zugeordnet und gilt als einer der Begründer der modernen Bibel- und Religionskritik.

...

Gott als singuläre Substanz (Metaphysik)

In den Propositionen 1–15 hielt er fest: Gott ist die unendliche, substantiell in ihren Eigenschaften konstante, einheitliche und ewige Substanz:

„Per Deum intelligo ens absolute infinitum hoc est substantiam constantem infinitis attributis quorum unumquodque æternam et infinitam essentiam exprimit."

„Unter Gott verstehe ich das unbedingt unendliche Wesen, das heißt die Substanz, die aus unendlich vielen Attributen besteht, deren jedes ewige und unendliche Wesenheit ausdrückt."

Spinoza kombiniert das traditionelle Verständnis der Substanz als „In-sich-Sein" (in se est) mit der Feststellung, dass eine Substanz nur aus sich allein begriffen werden könne (per se concipitur) bzw. erklärbar sei.

26

„Per substantiam intelligo id quod in se est et per se concipitur hoc est id cuius conceptus non indiget conceptu alterius rei a quo formari debeat."

Spinoza. Ethica, I „Unter Substanz verstehe ich das, was in sich ist, und durch sich begriffen wird, das heißt das, dessen Begriff, um gebildet werden zu können, den Begriff eines anderen Dinges nicht bedarf."

Logische Folgerungen aus Spinozas Substanzbegriff Aus diesen beiden Axiomen Spinozas folgt zwingend, dass bei Annahme mehrerer voneinander unterschiedener Substanzen etwas diesen Gemeinsames zugrunde liegen muss, da sich die Substanzen ohne ein Gemeinsames nicht voneinander unterscheiden lassen. Die Definition einer einzelnen Substanz könne nur über ihre Unterschiedenheit (differentia) von den übrigen Substanzen erfolgen. Damit wäre aber keine Substanz mehr aus sich heraus begreifbar, sondern nur in Bezug zu den übrigen.

Daraus ergibt sich unter Annahme von Spinozas Satz „vom aus sich heraus zu begreifenden Seienden", dass es nur eine einzige Substanz geben könne. Diese Substanz ist daraus folgend mit all ihren Eigenschaften unendlich und absolut und wurde von Spinoza mit Gott gleichgesetzt.

Der Einwand einer möglichen endlichen Substanz wird durch zwingende Schlussfolgerungen aus den ersten beiden Axiomen Spinozas zur Substanz widerlegt.

Eine endliche Substanz müsste wiederum an eine andere Substanz angrenzen, was die oben behandelten Definitionsprobleme der unmöglichen Differenzierung von Substanzen nach dem Axiom per se concipitur aufwerfen würde.

Eine endliche Substanz benötigte außerdem einen kausal vorhergehenden Verursacher ihrer Existenz, was eine zweite Substanz zusätzlich zwingend erforderlich macht und wiederum entsprechende Probleme in Bezug auf die Anfangsaxiome aufwirft.

Spinoza folgerte, dass eine Substanz nicht von einer anderen hervorgebracht werden könne:
„Una substantia non potest produci ab alia substantia."
(„Eine Substanz kann nicht von einer anderen Substanz hervorgebracht werden.")

Rückgriff auf ontologische Beweise
Bei der offenbleibenden Frage nach der wirklichen Existenz einer als Gott benennbaren Substanz verwendet Spinoza den älteren ontologischen Gottesbeweis, nach dem eine Substanz keine weitere Ursache haben darf und demnach nur als Ursache

ihrer selbst (causa sui) vorzustellen wäre. Ursache einer Substanz selbst vermag hier aber nur etwas zu sein, bei dem das Wesen zugleich auch die Existenz impliziert (cuius essentia involvit existentiam) bzw. dessen Natur nicht anders begriffen werden kann denn als existierend (cuius natura non potest concipi, nisi existens).

Pantheismus, Geist versus Materie, und Willensfreiheit
Der Kosmos bzw. das Universum selbst ist diese Substanz, es gibt nichts außerhalb von ihr, sie ist in nichts Anderem, und somit sind alle Gegenstände Eigenschaften dieser Substanz; daher ist einer der Hauptgedanken bei Spinoza der, dass Gott in allem Seienden vorhanden ist. Es ist geläufig, diese Theorie Pantheismus zu nennen (vom Griechischen pan: alles, und von theos Gott). Jedoch ergibt sich von Proposition 16 an ein subtiler Bedeutungswandel: Spinozas Gott ist die Ursache aller Dinge, weil alles ursächlich und notwendigerweise aus der göttlichen Natur folgt: „auf die selbe Weise, wie aus der Natur des Dreiecks von Ewigkeit und in Ewigkeit folgt, dass seine drei Winkel gleich zwei rechten sind". In diesem Sinne war Gott auch nicht frei, die Welt zu erschaffen (oder es zu unterlassen).

Johann Wolfgang von Goethe

„Natur hat weder Kern noch Schale / Alles ist sie mit einem Male", heißt es in Goethes Gedicht "Allerdings. Dem Physiker", womit er betonte, dass die Natur in der Gestalt zugleich ihr Wesen zeige. Auf Friedrich Heinrich Jacobis Schrift gegen Spinoza hatte er 1785 geantwortet, ein göttliches Wesen könne er nur in und aus den Einzeldingen erkennen, Spinoza „beweist nicht das Dasein Gottes, das Dasein ist Gott".

In seinen Naturstudien fand Goethe die Grundfesten der Wahrheit. Immer wieder bekannte er sich als Pantheist in der philosophischen Tradition Spinozas und als Polytheist in der Tradition der klassischen Antike.

„Wir sind naturforschend Pantheisten, dichtend Polytheisten, sittlich Monotheisten."
– Maximen und Reflexionen

Im pantheistischen Gedanken, Natur und Gott identisch zu denken, verknüpften sich Natur- und Religionsverständnis Goethes.

Plotin

Als Vertreter eines idealistischen Monismus führte Plotin alle Phänomene und Vorgänge auf ein einziges immaterielles Grundprinzip zurück. Das Ziel seiner philosophischen Bemühungen bestand in der Annäherung an das „Eine", das Grundprinzip der gesamten Wirklichkeit, bis hin zur Erfahrung der Vereinigung mit dem Einen. Als Voraussetzung dafür betrachtete er eine konsequent philosophische Lebensführung, die er für wichtiger hielt als das diskursive Philosophieren.

Das Eine

Den Ausgangspunkt für die Existenz des Unterscheidbaren, das dem Prinzip der Pluralität oder Vielzahl zugeordnet ist, muss nach Plotins Überzeugung notwendigerweise etwas Einfaches, Undifferenziertes bilden. Die Erkenntnis schreitet vom Komplexeren zum Einfacheren fort. Alles Zusammengesetzte und Mannigfaltige lässt sich auf etwas Einfacheres zurückführen. Das Einfachere ist dem Komplexeren übergeordnet in dem Sinn, dass es die Ursache für dessen Existenz bildet. Daher ist das Einfachere das Höherrangige, denn es bedarf des Komplexeren in keiner Weise, während umgekehrt das Komplexere ohne das Einfachere nicht existieren kann. Gegenüber dem Einfachen ist das Komplexe stets mangelhaft. Letztlich muss ein gedankliches

Voranschreiten vom Komplexeren zum Einfacheren zu einem Einfachsten führen. Das Einfachste kann auf nichts anderes mehr rückführbar sein; hier muss man „haltmachen", sonst träte ein infiniter Regress (Fortschreiten ins Endlose) ein. Mit dem Einfachsten ist somit der höchste mögliche Bereich der Gesamtwirklichkeit erreicht. Dieses schlechthin Einfache nennt Plotin „das Eine". Es kann als äußerster Gegensatz zum Differenzierten und Mannigfaltigen keine Unterscheidung enthalten, weder eine Zweiheit noch sonstige Pluralität. In diesem Zusammenhang erinnert Plotin daran, dass die Pythagoreer mit Bezugnahme auf den Namen des Gottes Apollon das Eine auch den „Nichtvielen" nannten. Sie wollten den Gedanken der göttlichen Einheit auch mit einer (allerdings falschen) Etymologie des Gottesnamens begründen, indem sie „Apollon" von a, „nicht", und polloí, „viele" ableiteten. Da Plotin ausnahmslos alles, was geistig oder physisch existiert, auf das Eine zurückführt, ist seine Philosophie monistisch.

Als Ursprung und Existenzgrund aller Dinge ist das Eine das Höchste, was es geben kann. In einer religiösen Terminologie käme ihm faktisch die Rolle der obersten Gottheit zu. Eine solche Bestimmung wäre jedoch bereits eine unangemessene Differenzierung, denn jede Bestimmung impliziert einen Unterschied und damit eine Nicht-Einheit. Aus diesem Grund ist es auch unzulässig, dem Einen Merkmale zuzuschreiben, die als göttlich gelten, etwa es mit dem Guten oder dem Sein zu identifizieren. Vielmehr ist das Eine weder seiend noch nichtseiend, sondern überseiend, und weder gut noch schlecht, sondern jenseits solcher Begrifflichkeit. Aus dem Blickwinkel des Denkenden erscheint es als etwas Höheres, Erstrebenswertes und damit Gutes, aber für sich selbst ist es nicht gut. Man kann nicht einmal wahrheitsgemäß aussagen, dass das Eine „ist", denn das Sein als Gegenteil des Nichtseins oder das vollkommene Sein im Gegensatz zu einem geminderten Sein setzt bereits eine Unterscheidung voraus und damit etwas, was dem Einen nachgeordnet ist. Genau genommen ist auch die Bestimmung des Einen als „Eines", als einfach oder einheitlich im Sinne eines Gegensatzes zur Pluralität eine Verkennung seiner wahren, gegensatzfreien Natur, über die paradoxerweise überhaupt keine zutreffende Aussage möglich ist. Das Eine ist „unsagbar" (árrheton).

Nikolaus von Kues

Sein Denken kreiste um das Konzept des Zusammenfalls der Gegensätze zu einer Einheit, in der sich die Widersprüche zwischen scheinbar Unvereinbarem auflösen. Metaphysisch und theologisch sah er in Gott den Ort dieser Einheit.

Im Sinne dieser Denkweise entwickelte er eine für seine Zeit ungewöhnliche Vorstellung von religiöser Toleranz. Dem Islam, mit dem er sich intensiv auseinandersetzte, billigte er einen gewissen Wahrheitsgehalt und eine Existenzberechtigung zu.

Der „Trialog" (Dreiergespräch) „Über das Können-Ist" (Trialogus de possest, 1460) behandelt den Gottesnamen „Possest", der Gott bezeichnet als „alles das, was sein kann" (omne id quod esse potest), das realisierte Alles-Können als einzige Wirklichkeit, Zusammenfall von Möglichkeit und Wirklichkeit.

Koinzidenztheorie
Nikolaus selbst kennzeichnet den Gedanken der Koinzidenz (coincidentia oppositorum), des Zusammenfalls der Gegensätze zu einer Einheit, als Kernelement seiner Betrachtungsweise oder Methode (womit er nicht eine Lehre oder ein System meint). Mit diesem Konzept tritt er als Urheber einer neuen Theorie auf, die der bisherigen Philosophie gefehlt

habe. Er meint, alle geistige Anstrengung müsse sich darauf richten, die „einfache Einheit" zu erreichen, in der alle Arten von Entgegengesetztem (opposita) zusammenfallen, somit paradoxerweise auch die kontradiktorischen (widersprüchlichen) Gegensätze, die einander nach dem aristotelischen Satz vom Widerspruch ausschließen. Die Einbeziehung auch dieser Gegensätze in die allumfassende Einheit ist das Neue gegenüber den früheren Ansätzen.

Im Sinne der neuplatonischen Tradition betrachtet Nikolaus als letztes Ziel aller Erkenntnisbemühungen den einen schöpferischen Urgrund des Werdens, der zugleich Ausgangspunkt und Bestimmung alles Werdens sei. In theologischer Sprache ausgedrückt ist das Gott, doch argumentiert Nikolaus philosophisch. Den Urgrund identifiziert er mit der äußersten Einfachheit. Zugleich schreibt er ihm aber auch Mannigfaltigkeit zu, denn er sieht in dem schlechthin Einfachen die Quelle der gesamten empirisch feststellbaren Vielheit in der Welt. Gäbe es das Viele neben dem Einen, so wäre das Eine nicht wirklich umfassend, sondern vom Vielen begrenzt. Das Eine ist für Nikolaus nur dadurch unendlich, dass es zugleich auch das Viele ist. Gott ist Einfaltung (complicatio) der Welt, die Welt Ausfaltung (explicatio) Gottes. Im Sinne seiner mit mathematischen Analogien arbeitenden Ausdrucksweise handelt es sich um ein absolutes Maximum, das zugleich das absolute Minimum ist (als maximale Kleinheit). Dieses Maximum ist keine besondere Substanz, die neben anderen Substanzen besteht, sondern es ist das, worin die Unterschiedlichkeit der Substanzen und überhaupt aller Einzeldinge gründet. Es ist eine Einheit, die in allem erscheint und alles umfasst, also auch das philosophierende und erkennende Subjekt einschließt. Da die Menschen jedoch in ihrem vom Widerspruchsprinzip beherrschten Denken befangen sind, erkennen sie diese Einheit nicht als Grund der Welt, sondern nähern sich ihr auf stets einseitige Weise. Erkennen sie das Unbefriedigende dieser Einseitigkeiten, so gelangen sie zur Auffassung, die Wahrheit sei unerreichbar. Dabei betrachtet sich der Wahrheitssucher als Subjekt, das selbst außerhalb der Wahrheit steht und diese daher in etwas anderem suchen muss. Sein Zweifel an der Auffindbarkeit der Wahrheit kann jedoch überwunden werden, wenn er versteht, dass sie nicht im Anderen zu suchen ist. Vielmehr ist sie gerade das Nicht-Andere (non-aliud), denn jedes Einzelne enthält in sich die gesamte Wirklichkeit, mit der es ungeachtet seiner individuellen Separatheit verbunden ist. Das Anderssein kommt nur den Weltdingen zu, insoweit der Verstand sie betrachtet.

Giordano Bruno

Bruno postulierte die Unendlichkeit des Weltraums und die ewige Dauer des Universums.

Pantheismus
Für Bruno stammte alles aus der Natur von der göttlichen Einheit von Materie und Dunkelheit ab. Zum einen trennte er Gott von der Welt, und zum anderen tendierte er zu einem dazu entgegengesetzten Pantheismus. Bruno verband die These, dass Gott allem innewohne, mit dem Glauben, dass die Realität der Vorstellung entspringe. Damit nahm er die Gedanken von Gottfried Wilhelm Leibniz und Baruch de Spinoza vorweg. Er stellte sich gegen das geozentrische Weltbild, nahm stattdessen an, dass die Welt und die Menschen ein einmaliger Unfall einer einzelnen lebenden Weltsubstanz seien, und bekannte sich zur kopernikanischen Theorie. Weiterhin postulierte er die Monade, die als eine unteilbare Einheit ein Element des Weltaufbaus darstellt. Der Begriff Monade wurde von Gottfried Wilhelm Leibniz übernommen. Bruno ist einer der wichtigsten Vertreter einer panpsychistischen Weltanschauung, der zufolge überall im Kosmos geistige Eigenschaften vorhanden sind.

Das Göttliche wird im Pantheismus Brunos nicht etwa in die Natur hineingelegt, die dann ein vom

Erkenntnissubjekt unabhängiger, objektiver Forschungsgegenstand wäre. Vielmehr wird auch das Erkenntnissubjekt als Teil des Kosmos begriffen.

Es löst sich in seiner Individualität auf, sobald es die Erfahrung der pantheistischen Einheit macht, die bei Bruno mystischen, übersinnlichen Charakter hat.

Wakan tanka

Wakan tanka / Wakonda

„Es gibt nur einen Gott, und seine Gegenwart ist in allen Dingen und überall. Wir sagen ein Baum ist wakonda, weil in ihm auch Wakonda wohnt."
- Antwort eines Osage auf die Frage „Gibt es viele Wakonda?"

Wakan Tanka (Lakota-Alphabet, bei den nördlichen Gruppen) oder Wakonda (bei den südlichen Gruppen) – „das große, unerklärliche Geheimnis" – war die Summe aller Geister und Kräfte, die Ursache von allem sowie die göttliche Weltseele (Pantheismus).

Aus europäischer Sicht wurde Wakan (Tanka) fälschlich als „Großer Geist" verstanden und bezeichnet, der mit dem christlichen Gott gleichgesetzt wurde. Wakan beinhaltet jedoch sowohl das Gute wie das Böse, ebenso wie man der Natur gute und schlechte Eigenschaften zuordnen kann. Jedes Ding und Lebewesen hat „seinen" Wakan-Geist, der ungeboren und unsterblich ist. Menschen können mit Gebeten Beziehung zu Wakan Tanka aufnehmen; die Pfeife ist ein wichtiges Hilfsmittel dazu. Wichasha Wakan („Heilige Männer") gelten als Experten des Konzepts.

Bayazid Bistami

Bayazid glaubte als erster Sufi daran, die eigene Auflösung (fana) erreicht zu haben. Er habe sich aus seinem Ich geschält und die Vereinzelung erreicht. Zeitweise habe er die Einheit zwischen dem Geliebten, dem Liebenden und der Liebe erreicht. Orientalisten sehen hier einen Einfluss aus indischen Lehren, speziell von dem indischen Philosoph Shankara.

Meister Eckhart

Aufsehen erregten seine unkonventionellen, teils provozierend formulierten Aussagen und sein schroffer Widerspruch zu damals verbreiteten Überzeugungen. Umstritten war beispielsweise seine Aussage, der „Seelengrund" sei nicht wie alles Geschöpfliche von Gott erschaffen, sondern göttlich und ungeschaffen. Im Seelengrund sei die Gottheit stets unmittelbar anwesend.

Gemäß dieser Grundhaltung hält Eckhart auch den Unterschied zwischen natürlichen und übernatürlichen Vorgängen für unwesentlich und empfiehlt, man solle sich nicht darum kümmern, da beides gleichermaßen von Gott gewirkt sei. Fundamental ist für das Verhältnis des Menschen zu Gott der Unterschied zwischen Glauben und Kennen; der Glaube verhält sich zum Schauen oder vollkommenen Erkennen wie eine Meinung zum Beweis, wie etwas Unvollkommenes zum Vollkommenen. Es gilt also nicht beim Glauben zu bleiben, sondern vom Glauben zum Kennen voranzuschreiten.

Die Gottheit bringt nichts hervor, sie teilt sich nicht zeugend und erzeugend mit, sondern ist auf nichts als sich selbst bezogen.

Die Gottheit ist der überpersönliche Aspekt der

göttlichen Gesamtwirklichkeit. Nichts Bestimmtes kann über sie ausgesagt werden, da sie sich jenseits jeglicher Differenzierung befindet. Sie ist „weiselos" (ohne Eigenschaften, durch die sie definiert werden könnte), ist ein „grundloser Grund" und eine „stille Wüste", eine „einfaltige Stille". Darin stimmt die Gottheit Eckharts mit dem Einen überein, der höchsten Gegebenheit im System des Neuplatonismus. Das Eine ist der Ursprung von allem und kann daher keinerlei Merkmale aufweisen, denn jedes Merkmal wäre zugleich eine Begrenzung und als solche mit dem allumfassenden und undifferenzierten Charakter des Einen unvereinbar. Da Gott keine solchen Begrenzungen aufweist, gibt es nichts, was er nicht ist; somit ist er „ein Verneinen des Verneinens"

Wie die Neuplatoniker spricht Eckhart der Gottheit somit nicht nur alle Gott kennzeichnenden Eigenschaften wie „gut" oder „weise" ab, sondern konsequenterweise auch das Sein, da das Sein auch eine Bestimmung ist und als solche dem Bestimmungslosen nicht zukommen kann. Wenn daher vom göttlichen Bereich nicht unter dem Aspekt „Gott", sondern unter dem Aspekt „Gottheit" die Rede ist, trifft die Aussage, dass diese Wirklichkeit „ist", nicht zu; vielmehr handelt es sich um „ein überseiendes Sein und eine überseiende Nichtheit". Daher ist die Gottheit auch kein Erkenntnisobjekt, weder für sich selbst noch für andere, denn wo ein erkennendes

Subjekt von einem erkannten Objekt geschieden ist, handelt es sich nicht um die Ebene der Gottheit. Dazu bemerkt Eckhart: Die verborgene Finsternis des unsichtbaren Lichtes der ewigen Gottheit ist unerkannt und wird auch nimmermehr erkannt werden.

Eckhart vertritt den Primat des Intellekts: Es ist also offensichtlich, dass (…) Gott Intellekt oder Denken (Erkennen) ist und dass er nur Denken (Erkennen) schlechthin ist, ohne dass ein anderes Sein hinzukäme.

Das Dasein der geschaffenen Dinge ist nichts anderes als ein Werden und Vergehen. Diesem Ansatz folgend fasst Eckhart die Schöpfung nicht als abgeschlossenen Akt der Vergangenheit auf, sondern als fortwährenden Vorgang. Gott hat den sinnlich wahrnehmbaren Einzeldingen nicht, als er sie schuf, die Eigenschaft der Beständigkeit und Fortdauer verliehen, sondern die Schöpfung vollzieht sich in jedem Augenblick aufs Neue. Wäre dies nicht der Fall, so müsste das Geschaffene sofort ins Nichts fallen, da es im Gegensatz zum Schöpfer außerstande ist, aus sich selbst seine eigene Fortdauer zu ermöglichen. Alle Kreaturen sind ein reines Nichts.

Verständnis der Schöpfung bedeutet somit Verständnis des Phänomens Zeit. Der überzeitlich existierende Gott schafft in einer permanenten

Gegenwart, im „Jetzt" oder „Nun" (lateinisch nunc, mittelhochdeutsch nû) seiner Zeitlosigkeit (Ewigkeit). Eckhart unterscheidet zwischen dem nû der zît, dem Zeitpunkt innerhalb des Zeitflusses, und dem nû der êwicheit, dem Jetzt der Ewigkeit (lateinisch nunc aeternitatis). Die Überzeitlichkeit des Ewigen wird in Eckharts Sprache als „Augenblick" („nun") wiedergegeben, doch ist dieser „Augenblick" nicht mit einem Zeitpunkt zu verwechseln, sondern er umfasst „alle Zeit", also die Gesamtheit dessen, was in aller Zeit gegeben ist. Das Jetzt der Ewigkeit ist auch nicht im Sinne eines statischen Zustands zu verstehen, es bedeutet keinen Stillstand (das wäre eine unangemessene Beschreibung aus der Perspektive der Zeitlichkeit). Gemeint ist eine überzeitliche „Gegenwart", die wegen ihrer Gegenwärtigkeit (lateinisch praesentialitas) eine Bezeichnung erhält, die an den innerzeitlichen Gegenwartsbegriff anknüpft. Als „Fülle der Zeit" unterscheidet sich die Gegenwärtigkeit des ewigen „Jetzt" vom Zeitpunkt dadurch, dass sie nicht der vergangenen und künftigen Gegebenheiten beraubt ist, sondern diese in sich einschließt.

Aus der Perspektive der Ewigkeit erscheint die Welt als anfangslos, weil ihr Dasein nicht eine Aneinanderreihung von Zeitpunkten ist. Dass sie einen Anfang in der Zeit gehabt habe, ist nur eine für das menschliche Denken nötige und angemessene

Vorstellung, nicht eine Aussage über die Schöpfung an sich. Nur aus der menschlichen Perspektive, die auf der Vorstellung einer linearen zeitlichen Ordnung mit „vorher" und „nachher" basiert, ist die Schöpfung ein zeitlicher Vorgang.

In Wirklichkeit ist Gott nicht zeitlich „früher" als die Welt. Der Mensch lebt aber in der Zeit, in der die Einheit des göttlichen Seins zerfallen ist. Daher bewegen sich seine Vorstellungen innerhalb eines Rahmens, der sich aus seinem Erleben von Zeit ergibt.

PLATON

Platon greift das ursprünglich von Parmenides von Elea entwickelte Konzept eines einzigen Seins hinter den Dingen auf und wendet diesen Gedanken auf zahlreiche philosophische Fragen an.

Beseeltheit nichtmenschlicher Wesen und Dinge

Da für Platon eigenständige Bewegung ein Definitionsmerkmal der Seele ist, fasst er auch Tiere und Gestirne als beseelt auf, im Timaios auch Pflanzen. Der Kosmos selbst verfügt über Vernunft, die ihren Sitz in der Weltseele (tou pantós) hat. Ein Schöpfergott, der Demiurg, bildete die Weltseele, verlieh ihr Teilhabe an den Ideen und pflanzte sie in die Welt, um die Vernunft in das Weltganze zu bringen und es dadurch vollkommener zu machen. Die Weltseele ist die Kraft, die sich selbst und alles andere bewegt. Sie ist der Welt immanent, überall in ihr verbreitet und umgibt sie zugleich. Da sie durch ihre unterschiedlichen Bestandteile an allem Anteil hat, vermag sie alles wahrzunehmen und zu erkennen. Ihr Wesen ist demjenigen der menschlichen Vernunft gleich; daher besteht Übereinstimmung zwischen der Seele des Menschen und der des Kosmos. (nach wiki)

Eine Kirche / Religion die dem Pantheismus / Panentheismus nahe kommt

Unitarier-Religionsgemeinschaft freien Glaubens

Die Unitarier – Religionsgemeinschaft freien Glaubens (von lat.: unitas, Einheit) sind eine Religionsgemeinschaft des Unitarismus in Deutschland, die historisch den freireligiösen Gemeinschaften zugeordnet wird. Die Gemeinschaft hat etwa 500 Mitglieder.Bis 2015 führte sie den Namen Deutsche Unitarier Religionsgemeinschaft.

Inhalte
Die Unitarier – Religionsgemeinschaft freien Glaubens sind nach ihrem Selbstverständnis eine freiheitliche, nicht-christliche, pantheistische, humanistische Religionsgemeinschaft in der Tradition der Religionsauffassung der Aufklärung, in der auch die freireligiösen Gemeinden stehen.

Sie besitzen kein religiöses Dogma und sind deshalb eine freie Religionsgemeinschaft. Es gibt aber Grundgedanken der Gemeinschaft, die dem Einzelnen als Interpretationsmöglichkeit angeboten werden.

Zentrale Grundsätze sind der Glaube an die Einheit allen Seins, das vom Wesen des Göttlichen durchdrungen ist, und der Glaube an die menschliche Vernunft. Außenstehende meinen oft, die Deutschen Unitarier würden als Gegenstück zu den christlichen Leitbildern von „Glaube, Liebe, Hoffnung" lediglich „Freiheit, Vernunft, Toleranz" einsetzen. Unitarier geben demhingegen an, dass sie an ein zusammenhangstiftendes Weltprinzip glauben, das sie oft als das Göttliche bezeichnen. Dieses überall wirksame Zusammenhangstiftende ist ein profaner Ausdruck für eine allumfassende Liebe, an die die Unitarier glauben und auf deren Wirksamkeit sie all ihre Hoffnung stützen.

Die Unitarier – Religionsgemeinschaft freien Glaubens sehen sich im Gegensatz zu anderen unitarischen Religionsgemeinschaften, die entweder noch einen christlich-antitrinitarischen Glauben praktizieren oder ihren Mitgliedern einen solchen Glauben als Möglichkeit einräumen, als völlig losgelöst vom Christentum; sie erkennen jedoch den historischen Ursprung aus dem antitrinitarischen Christentum an.

Die unitarische Religion ist nach ihrem Verständnis eine an der Welt und auf das Diesseits ausgerichtete Religion. Religiosität wird als dem Menschen angeboren gesehen und soll ihn menschlicher, freiheitlicher, toleranter und liebesfähiger machen. Die Interpretation der Welt bleibt dabei unbedingt dem Einzelnen überlassen. Damit wird auch die

Verantwortung für das eigene Handeln und Unterlassen vom Menschen als unverzichtbar eingefordert.

Gemeinsame unitarische Glaubensaussagen werden in Form von „Grundgedanken" in unregelmäßigen Abständen durch Konsens innerhalb der Gemeinschaft den sich wandelnden Überzeugungen der Mitglieder und womöglich auch den Erkenntnissen der Zeit angepasst und schließlich auf einer Hauptversammlung beschlossen. Die Grundgedanken der Deutschen Unitarier sind damit das erste historische Beispiel für eine Religionsgemeinschaft, die auf den religiösen Überzeugungen der einzelnen Mitglieder gegründet ist und deren gemeinsame Glaubensaussagen basisdemokratisch festgestellt werden, wobei diese nur dann verbindlichen Charakter haben, wenn sich ein Unitarier über die Unitarier allgemein äußert.

Geschichte
Nach der Umbenennung in „Deutsche Unitarier" 1950 kam es in den folgenden vier Dekaden wiederholt zu internen Richtungskämpfen, aus denen die pantheistisch-humanistisch gesinnte Mehrheit in den 1990er Jahren gestärkt hervorging, während anders orientierte Mitgliedergruppen die Gemeinschaft verließen. Ab 1990 verstärkte die Gemeinschaft ihr Engagement für gesellschaftspolitische und soziale

Belange in Deutschland und Europa.

Durch Beschluss der Hauptversammlung 2015 in Worms trägt die Gemeinschaft künftig den Namen Unitarier – Religionsgemeinschaft freien Glaubens. 2006 errichtet die Gemeinschaft die eigenständige Stiftung unitates – Stiftung der Deutschen Unitarier Religionsgemeinschaft e.V. Stiftungszweck ist die Förderung religiöser Toleranz und eines demokratisch orientierten Weltbildes.

Mitgliedschaften

Die Deutschen Unitarier sind Mitglied im „Dachverband freier Weltanschauungsgemeinschaften (DFW)", dem u. a. auch der „Bund Freireligiöser Gemeinden Deutschlands K.d.ö.R.", der „Bund für Geistesfreiheit (bfg) Bayern K.d.ö.R." und der „Humanistische Freidenkerbund Brandenburg e.V." angehören.[42] Der DFW sieht sich als Vertreter freigeistiger, kirchenfreier Menschen und steht „für Humanismus, Toleranz und Menschenrechte, für ein friedliches Zusammenleben der Menschen unabhängig von ihren religiösen, weltanschaulichen und politischen Anschauungen und für ein ausgewogenes Verhältnis zwischen Mensch und Natur." Der DFW ging 1991 aus dem Deutschen Volksbund für Geistesfreiheit (DVfG) hervor, dem die Deutsche Unitarier Religionsgemeinschaft ebenfalls schon angehörte.

Außerdem sind die Deutschen Unitarier Mitglied im

Weltbund für religiöse Freiheit (IARF) sowie als einzige der deutschen unitarischen Religionsgemeinschaften im Internationalen Rat der Unitarier und Universalisten (ICUU), der ein Dachverband der meisten unitarischen Religionsgemeinschaften weltweit ist.

In der auf der Hauptversammlung 2011 beschlossenen die Unitarier, in ihrer unitarischen Gemeinschaft sei „kein Platz für antidemokratische, extremistische und neofaschistische Ideologien." Im Vorwort zum Abdruck eines Vortrags zur geschichtlichen Aufarbeitung der Gemeinschaftsentwicklung bekennt der Vorstand 2015, dass „wir uns für den Teil der Geschichte unserer Gemeinschaft schämen, der mit völkischem Gedankengut, Intoleranz und einem vermeintlichen Sonderweg ‚völkisch-deutscher' Unitarier (‚Deutschunitarier') verbunden ist". Dieses sei der Gemeinschaft Mahnung und Verpflichtung für die Zukunft.

(nach wikipedia)

IMPRESSUM

Autor des Buches ist

Burkhard Tomm-Bub, M.A.
67063 Ludwigshafen
Jakob-Binder-Strasse 22
Mail: ogma1@t-online.de

9 783734 766411

Herstellung und Verlag:
BoD – Books on Demand,
Nordersted

Die Erläuterungen der Stichworte und Namen lehnen sich
zum Teil an wikipedia an.
Es gelten ggf. die dort angegebenen Bedingungen.
wikipedia ist über diesen Link erreichbar:
https://de.wikipedia.org/wiki/Wikipedia:Hauptseite

Sind wir real?
- Illusion als Selbsterfahrung -

von Burkhard Tomm-Bub

Der Gedanke real zu sein erscheint mir bereits seit vielen Jahren als völlig absurd.

Die Illusion, meinethalben auch Simulation in der wir uns befinden, in der ICH mich befinde, hat sicherlich einen Zweck, einen Grund und eine Ursache. Beschreiben lässt sich derlei aber naturgemäß nur annäherungsweise und selbst dies fällt nicht wirklich leicht.

Doch zunächst noch etwas mehr zum Empfinden der Absurdität.

Wie ernst soll ich eine "Realität" nehmen, die substanziell gegen ihre eigenen Grundpostulate kontradiktorisch verstößt?

Kausalität. Unendlichkeit. Ewigkeit.

Kausalität - ein lächerlicher Ansatz, da ihr zufolge von Nichts Nichts kommt, ganz offensichtlich aber ein Etwas IST. Und sei es nur ein einzelnes Bewusstsein, welches derlei Paradoxien ersinnen kann.

Ähnlich die Unendlichkeit. Was soll man sich am Ende ihrer Ausdehnung denken, wie sieht es auf den Kilometern hinter ihrer Grenze aus? Genauso unsinnig die Annahme des gegensätzlichen Falles - ein endliches Universum. Wunderbar. Und was finden wir hinter der "Außenwandung" der Endlichkeit? Strukturell gleichermaßen abstrus das Konzept der Zeit. Wer vermag sich dieses Konstrukt wahrhaft vorzustellen? Sehr, sehr, sehr, sehr lange - das trifft es schon mal grad` überhaupt nicht, bleibt um gigantische Quantensprünge qualitativ hinter der elementaren Wucht dieser Eigenschaft hoffnungslos zurück.

Grundlage all` dessen, was gewohnheitsmäßig als "Realität" angesehen und bezeichnet wird, SIND aber eben diese drei Qualitäten unseres Universums, unserer Welt. Verwerfen wir sie - und das müssen wir, wenn wir die oben genannten Nachweise berücksichtigen - so fällt auch das Konzept der "Realität" in sich zusammen und wird bedeutungslos.

Tabula rasa.

Und nun zu etwas ganz anderem.

Doch zu was - dies ist die Frage.

Es handelt sich bei Kausalität, Raum und Zeit ganz offensichtlich um recht willkürliche Phänomene, "gesetzt" als Spielregeln, um etwas bestimmtes zu ermöglichen.

Ein Gedanke, der mir schon ebenso lange so völlig fern ist, wie der real zu sein, ist die Vorstellung von Dualität. Es mag sein, dass dies etwas schwerer logisch zu begründen ist, die Gewissheit dessen durchdringt mich aber stets und vollständig. Sicherlich vermag ich mir eine Art "Gott" vorzustellen, der unser Universum neben vielen anderen geschaffen hat - und ebenso dann einen "bösen Teufel", einen anderen Gott mit umgekehrten Vorzeichen, quasi. Diese Herrschaften können sich dann trefflich um die diversen Universen und Spielfiguren darin "balgen", sicherlich.

Das hat mit einem echten Gottesbegriff, der unter anderem Allmacht und Ewigkeit verkörpert, aber nichts gemein. Gar nichts.

Ein wahrer Gott steht sowohl innerhalb als auch außerhalb von Kategorien wie Kausalität, Zeit und Unendlichkeit und überschreitet in nicht beschreibbarer Weise zusätzliche jede uns mögliche Art von Aussage über Sachverhalte dieser Art.

Alles ist Gott. Gott ist Alles - und noch einiges mehr.

Evident ist aber auch, dass Herr Schmitt glaubt, Herr Schmitt zu sein. Und Frau Müller glaubt das auch. Ziemlich sicher sind sich diese und viele andere Menschen insbesondere dann, wenn sie sich selbst als Atheisten definieren.

Doch das ist nicht zwingend ein Problem. Denn es stellt sich natürlich die Gretchenfrage: Wozu das Ganze?

Mögliche Antworten darauf klingen zugegeben einigermaßen banal. Andererseits sollten große Antworten wohl auch stets einfach sein - immerhin gelten sie für Alle.

Und weiter ist zu berücksichtigen, dass Aussagen aus Menschenmund stets "heruntergebrochene" Definitionen sind: erklären Sie mal einer zweidimensionalen Entität das Konzept "Berg" ...!

Vermeidung von "Langeweile". Selbsterkundung. Selbsterforschung. Selbsterfahrung und inneres Wachstum.

Diese Dinge.

Wir sind Gottes Simulationen seiner selbst, sind Gott ohne es zu wissen, verstrickt in selbst gesetzte Spielregeln, insbesondere die der Naturgesetze. Dies jedoch können wir nicht wirklich wissen, dies dürfen wir nicht wissen! Wäre es anders - funktionierte das Spiel nicht ...

Nun gut. In Science Fiction - Geschichten, in wirren philosophischen Pamphleten, im Rahmen mancher Religionen - da können wir darüber spekulieren, können es erahnen und insbesondere erhoffen (= Gott ist manchmal ganz schön masochistisch - da tut dies wahrhaft not!).

Einen Beweis dafür, geschweige denn einen leicht und für viele Menschen nachvollziehbaren - den kann und darf es aber logischerweise nicht geben. Das wäre Sabotage, das wäre der Schauspieler, der in die Kamera ruft: "Und? Wie finden Sie den Krimi bis jetzt?".

Das Spiel, die Selbsterfahrung, der Tanz des Lebens verlöre an Farbe, an Tiefe, an Echtheit und an Gefühl.

Und das wäre sehr schade.

+++

Atheisten - Witze
::::::::::::::::::::::

Wie viel Atheistenwitze gibt es? Keine - die sind alle wahr!

* * * * * * *

Während des Terrorregimes der Französischen Revolution, begannen die morgendlichen Exekutionen eines Tages mit drei Männern: Einem Rabbi, einem katholischen Priester und einem atheistischen Skeptiker.
Der Rabbi wurde zuerst auf die Bühne geführt. Dort, im Angesicht der Guillotine, wurde er gefragt, ob er ein paar letzte Worte hätte. Der Rabbi begann zu rufen, "Ich glaube an den einen und einzigen wahren Gott und er soll mich retten". Der Scharfrichter schob den Rabbi unter das Fallbeil, befestigte den Block über seinem Nacken und zog den Strick, um das Schreckensinstrument in Gang zu setzen. Die scharfe Klinge raste abwärts und zerschnitt zischend die Luft. Doch plötzlich, mit einem lauten Krachen stoppte das Fallbeil, wenige Millimeter über dem Nacken des Opfers.
"Ein Wunder" schrie die erregte Masse und der Scharfrichter mußte zähneknirschend den Rabbi am Leben lassen.
Der nächste war der katholische Priester. Nach seinen letzten Worten befragt, erklärte er, "Ich glaube an Jesus Christus, den Vater, den Sohn und den heiligen Geist, der mich retten wird in der Stunde der Not". Der Scharfrichter positionierte auch diesen Mann unter das Fallbeil und zog den Strick. Und wieder raste die Klinge, die Luft zerschneidend herab. Doch dann, ein Krachen, und wieder stoppte das Fallbeil der Guillotine nur wenige Millimeter über dem Nacken des Opfers.
"Noch ein Wunder" seufzte die enttäuschte Menge. Und der Scharfrichter hatte nun zum zweiten Mal keine Wahl und mußte den Verdammten gehen lassen.
Nun war der Atheist an der Reihe. "Was sind deine letzten Worte" wurde er gefragt. Doch der Skeptiker schien nicht zu hören. Unverwandt starrte er auf die verhängnisvolle Maschine und schien gänzlich versunken. Und erst als der Scharfrichter ihn in die Seite stieß und er erneut gefragt wurde, antwortete er:
"Ich denke, ich kenne euer Problem", sagte er und deutete mit dem Finger auf die Stelle, "ihr habt eine Blockade in der Fallvorrichtung, genau da!"

* * * * * * *

Gott ist tot.
(Nietzsche)

Nietzsche ist tot!
(Gott)

* * * * * * *

F: Warum greifen impotente Atheisten nicht zu Viagra?
A: Sie glauben nicht an die Auferstehung des Fleisches.

* * * * * * *

Ein Christ stirbt und kommt in den Himmel. An der Pforte begrüsst ihn Gott und lobt ihn für sein Leben und nach etwas Smalltalk entlässt er ihn in den Himmel. Er läuft ein wenig herum und kann es kaum glauben wie paradiesisch hier alles ist. Milch und Honig fließt in Bächen. Traumhafte Melodien durchdringen den Raum. Herrliches Wetter. Kurzum das Paradies. Der Christ schlendert etwas herum und findet in einem abgelegenen Teil des Paradieses ein riesiges schwarzes Loch in dem aber auch gar nichts zu erkennen ist. Plötzlich schießt jemand an ihm vorbei, wird vom Loch verschluckt und verschwindet im Nichts. Aufgeregt rennt er zu Gott und fragt ihn: "Oh Gott, ich habe etwas schreckliches gesehen. In deinem Paradies ist ein schwarzes Loch und verschluckt Leute."
Darauf Gott: "Ach das. Das ist mein Nichts. Die Atheisten wollen das halt so ..."

* * * * * * *

In der Sowjetunion: Eine Kolchosbäuerin betet um eine gute Ernte.
Der Leiter weist sie zurecht, dass es doch "Gott sei Dank" gar keinen Gott gebe.
Die Bäuerin: "Und wenn es nun aber, was Gott verhüten möge, doch einen Gott gibt?!"

* * * * * * *

Richard Dawkins wird von einer Kirchengemeinde eingeladen, einen Vortrag über den Atheismus zu halten. Er steht vorne an der Kanzel und hält seine Rede, hinter ihm hängt ein riesiges Kruzifix. Wie es der Zufall will, bricht während Dawkins Vortrag die obere Verankerung des Kruzifixes und dieses reißt ihn mit zu Boden. "Autsch," ruft Dawkins, während der Gekreuzigte auf ihm liegt, "das hat weh getan." Da flüstert Jesus ihm zu: "Mir auch - aber das war es mir wert."

* * * * * * *